NAME ___________________________

ADDRESS ___________________________

____

EMAIL ___________________________

PHONE ___________________________

MONTH		MON	TUE	WED
○ JAN				
○ FEB				
○ MAR				
○ APR				
○ MAY				
○ JUN				
○ JUL				
○ AUG				
○ SEP				
○ OCT				
○ NOV				
○ DEC				

THU	FRI	SAT	SUN

MONTH	MON	TUE	WED
○ JAN			
○ FEB			
○ MAR			
○ APR			
○ MAY			
○ JUN			
○ JUL			
○ AUG			
○ SEP			
○ OCT			
○ NOV			
○ DEC			

THU	FRI	SAT	SUN

MONTH	MON	TUE	WED
○ JAN			
○ FEB			
○ MAR			
○ APR			
○ MAY			
○ JUN			
○ JUL			
○ AUG			
○ SEP			
○ OCT			
○ NOV			
○ DEC			

THU	FRI	SAT	SUN

MONTH		MON	TUE	WED
○	JAN			
○	FEB			
○	MAR			
○	APR			
○	MAY			
○	JUN			
○	JUL			
○	AUG			
○	SEP			
○	OCT			
○	NOV			
○	DEC			

THU	FRI	SAT	SUN

<table>
<tr><td>MONTH</td><td>MON</td><td>TUE</td><td>WED</td></tr>
<tr><td>○ JAN</td><td></td><td></td><td></td></tr>
<tr><td>○ FEB</td><td></td><td></td><td></td></tr>
<tr><td>○ MAR</td><td></td><td></td><td></td></tr>
<tr><td>○ APR</td><td></td><td></td><td></td></tr>
<tr><td>○ MAY</td><td></td><td></td><td></td></tr>
<tr><td>○ JUN</td><td></td><td></td><td></td></tr>
<tr><td>○ JUL</td><td></td><td></td><td></td></tr>
<tr><td>○ AUG</td><td></td><td></td><td></td></tr>
<tr><td>○ SEP</td><td></td><td></td><td></td></tr>
<tr><td>○ OCT</td><td></td><td></td><td></td></tr>
<tr><td>○ NOV</td><td></td><td></td><td></td></tr>
<tr><td>○ DEC</td><td></td><td></td><td></td></tr>
</table>

THU	FRI	SAT	SUN

MONTH		MON	TUE	WED
○ JAN				
○ FEB				
○ MAR				
○ APR				
○ MAY				
○ JUN				
○ JUL				
○ AUG				
○ SEP				
○ OCT				
○ NOV				
○ DEC				

<table>
<tr><td>THU</td><td>FRI</td><td>SAT</td><td>SUN</td></tr>
</table>

<table>
<tr><td>MONTH</td><td>MON</td><td>TUE</td><td>WED</td></tr>
<tr><td>○ JAN</td><td></td><td></td><td></td></tr>
<tr><td>○ FEB</td><td></td><td></td><td></td></tr>
<tr><td>○ MAR</td><td></td><td></td><td></td></tr>
<tr><td>○ APR</td><td></td><td></td><td></td></tr>
<tr><td>○ MAY</td><td></td><td></td><td></td></tr>
<tr><td>○ JUN</td><td></td><td></td><td></td></tr>
<tr><td>○ JUL</td><td></td><td></td><td></td></tr>
<tr><td>○ AUG</td><td></td><td></td><td></td></tr>
<tr><td>○ SEP</td><td></td><td></td><td></td></tr>
<tr><td>○ OCT</td><td></td><td></td><td></td></tr>
<tr><td>○ NOV</td><td></td><td></td><td></td></tr>
<tr><td>○ DEC</td><td></td><td></td><td></td></tr>
</table>

THU	FRI	SAT	SUN

MONTH	MON	TUE	WED
○ JAN			
○ FEB			
○ MAR			
○ APR			
○ MAY			
○ JUN			
○ JUL			
○ AUG			
○ SEP			
○ OCT			
○ NOV			
○ DEC			

THU
FRI
SAT
SUN
THU
FRI
SAT
SUN

<table>
<tr><td>MONTH</td><td>MON</td><td>TUE</td><td>WED</td></tr>
<tr><td>○ JAN</td><td></td><td></td><td></td></tr>
<tr><td>○ FEB</td><td></td><td></td><td></td></tr>
<tr><td>○ MAR</td><td></td><td></td><td></td></tr>
<tr><td>○ APR</td><td></td><td></td><td></td></tr>
<tr><td>○ MAY</td><td></td><td></td><td></td></tr>
<tr><td>○ JUN</td><td></td><td></td><td></td></tr>
<tr><td>○ JUL</td><td></td><td></td><td></td></tr>
<tr><td>○ AUG</td><td></td><td></td><td></td></tr>
<tr><td>○ SEP</td><td></td><td></td><td></td></tr>
<tr><td>○ OCT</td><td></td><td></td><td></td></tr>
<tr><td>○ NOV</td><td></td><td></td><td></td></tr>
<tr><td>○ DEC</td><td></td><td></td><td></td></tr>
</table>

THU	FRI	SAT	SUN

MONTH
JAN
FEB
MAR
APR
MAY
JUN
JUL
AUG
SEP
OCT
NOV
DEC
MON
TUE
WED

<table>
<tr><td>THU</td><td>FRI</td><td>SAT</td><td>SUN</td></tr>
</table>

<table>
<tr><td>MONTH</td><td>MON</td><td>TUE</td><td>WED</td></tr>
<tr><td>○ JAN</td><td></td><td></td><td></td></tr>
<tr><td>○ FEB</td><td></td><td></td><td></td></tr>
<tr><td>○ MAR</td><td></td><td></td><td></td></tr>
<tr><td>○ APR</td><td></td><td></td><td></td></tr>
<tr><td>○ MAY</td><td></td><td></td><td></td></tr>
<tr><td>○ JUN</td><td></td><td></td><td></td></tr>
<tr><td>○ JUL</td><td></td><td></td><td></td></tr>
<tr><td>○ AUG</td><td></td><td></td><td></td></tr>
<tr><td>○ SEP</td><td></td><td></td><td></td></tr>
<tr><td>○ OCT</td><td></td><td></td><td></td></tr>
<tr><td>○ NOV</td><td></td><td></td><td></td></tr>
<tr><td>○ DEC</td><td></td><td></td><td></td></tr>
</table>

THU	FRI	SAT	SUN

MONTH	MON	TUE	WED
○ JAN			
○ FEB			
○ MAR			
○ APR			
○ MAY			
○ JUN			
○ JUL			
○ AUG			
○ SEP			
○ OCT			
○ NOV			
○ DEC			

<table>
<tr><td>THU</td><td>FRI</td><td>SAT</td><td>SUN</td></tr>
</table>

<table>
<tr><td rowspan="2">MONTH</td><td>MON</td><td>TUE</td><td>WED</td></tr>
</table>

MONTH

- ○ JAN
- ○ FEB
- ○ MAR
- ○ APR
- ○ MAY
- ○ JUN
- ○ JUL
- ○ AUG
- ○ SEP
- ○ OCT
- ○ NOV
- ○ DEC

MON	TUE	WED

THU	FRI	SAT	SUN

MONTH	MON	TUE	WED
○ JAN			
○ FEB			
○ MAR			
○ APR			
○ MAY			
○ JUN			
○ JUL			
○ AUG			
○ SEP			
○ OCT			
○ NOV			
○ DEC			

<table>
<tr><td>THU</td><td>FRI</td><td>SAT</td><td>SUN</td></tr>
</table>

<table>
<tr><td>MONTH</td><td>MON</td><td>TUE</td><td>WED</td></tr>
<tr><td>○ JAN</td><td></td><td></td><td></td></tr>
<tr><td>○ FEB</td><td></td><td></td><td></td></tr>
<tr><td>○ MAR</td><td></td><td></td><td></td></tr>
<tr><td>○ APR</td><td></td><td></td><td></td></tr>
<tr><td>○ MAY</td><td></td><td></td><td></td></tr>
<tr><td>○ JUN</td><td></td><td></td><td></td></tr>
<tr><td>○ JUL</td><td></td><td></td><td></td></tr>
<tr><td>○ AUG</td><td></td><td></td><td></td></tr>
<tr><td>○ SEP</td><td></td><td></td><td></td></tr>
<tr><td>○ OCT</td><td></td><td></td><td></td></tr>
<tr><td>○ NOV</td><td></td><td></td><td></td></tr>
<tr><td>○ DEC</td><td></td><td></td><td></td></tr>
</table>

<table>
<tr><th>THU</th><th>FRI</th><th>SAT</th><th>SUN</th></tr>
</table>

MONTH	MON	TUE	WED
○ JAN			
○ FEB			
○ MAR			
○ APR			
○ MAY			
○ JUN			
○ JUL			
○ AUG			
○ SEP			
○ OCT			
○ NOV			
○ DEC			

THU	FRI	SAT	SUN

MONTH	MON	TUE	WED
○ JAN			
○ FEB			
○ MAR			
○ APR			
○ MAY			
○ JUN			
○ JUL			
○ AUG			
○ SEP			
○ OCT			
○ NOV			
○ DEC			

THU	FRI	SAT	SUN

<table>
<tr><td rowspan="2">MONTH</td><td>MON</td><td>TUE</td><td>WED</td></tr>
</table>

MONTH			
○ JAN			
○ FEB			
○ MAR			
○ APR			
○ MAY			
○ JUN			
○ JUL			
○ AUG			
○ SEP			
○ OCT			
○ NOV			
○ DEC			

THU	FRI	SAT	SUN

<table>
<tr><td>MONTH</td><td>MON</td><td>TUE</td><td>WED</td></tr>
<tr><td>○ JAN</td><td></td><td></td><td></td></tr>
<tr><td>○ FEB</td><td></td><td></td><td></td></tr>
<tr><td>○ MAR</td><td></td><td></td><td></td></tr>
<tr><td>○ APR</td><td></td><td></td><td></td></tr>
<tr><td>○ MAY</td><td></td><td></td><td></td></tr>
<tr><td>○ JUN</td><td></td><td></td><td></td></tr>
<tr><td>○ JUL</td><td></td><td></td><td></td></tr>
<tr><td>○ AUG</td><td></td><td></td><td></td></tr>
<tr><td>○ SEP</td><td></td><td></td><td></td></tr>
<tr><td>○ OCT</td><td></td><td></td><td></td></tr>
<tr><td>○ NOV</td><td></td><td></td><td></td></tr>
<tr><td>○ DEC</td><td></td><td></td><td></td></tr>
</table>

THU	FRI	SAT	SUN

MONTH
MON
TUE
WED
JAN
FEB
MAR
APR
MAY
JUN
JUL
AUG
SEP
OCT
NOV
DEC

THU	FRI	SAT	SUN

MONTH		MON	TUE	WED
○ JAN				
○ FEB				
○ MAR				
○ APR				
○ MAY				
○ JUN				
○ JUL				
○ AUG				
○ SEP				
○ OCT				
○ NOV				
○ DEC				

THU	FRI	SAT	SUN

MONTH
JAN
FEB
MAR
APR
MAY
JUN
JUL
AUG
SEP
OCT
NOV
DEC
MON
TUE
WED

THU	FRI	SAT	SUN

<table>
<tr><td>MONTH</td><td>MON</td><td>TUE</td><td>WED</td></tr>
<tr><td>◯ JAN</td><td></td><td></td><td></td></tr>
<tr><td>◯ FEB</td><td></td><td></td><td></td></tr>
<tr><td>◯ MAR</td><td></td><td></td><td></td></tr>
<tr><td>◯ APR</td><td></td><td></td><td></td></tr>
<tr><td>◯ MAY</td><td></td><td></td><td></td></tr>
<tr><td>◯ JUN</td><td></td><td></td><td></td></tr>
<tr><td>◯ JUL</td><td></td><td></td><td></td></tr>
<tr><td>◯ AUG</td><td></td><td></td><td></td></tr>
<tr><td>◯ SEP</td><td></td><td></td><td></td></tr>
<tr><td>◯ OCT</td><td></td><td></td><td></td></tr>
<tr><td>◯ NOV</td><td></td><td></td><td></td></tr>
<tr><td>◯ DEC</td><td></td><td></td><td></td></tr>
</table>

<table>
<tr><td>THU</td><td>FRI</td><td>SAT</td><td>SUN</td></tr>
</table>

MONTH	MON	TUE	WED
○ JAN			
○ FEB			
○ MAR			
○ APR			
○ MAY			
○ JUN			
○ JUL			
○ AUG			
○ SEP			
○ OCT			
○ NOV			
○ DEC			

THU	FRI	SAT	SUN

MONTH	MON	TUE	WED
○ JAN			
○ FEB			
○ MAR			
○ APR			
○ MAY			
○ JUN			
○ JUL			
○ AUG			
○ SEP			
○ OCT			
○ NOV			
○ DEC			

THU	FRI	SAT	SUN

<table>
<tr><td>MONTH</td><td>MON</td><td>TUE</td><td>WED</td></tr>
<tr><td>○ JAN</td><td></td><td></td><td></td></tr>
<tr><td>○ FEB</td><td></td><td></td><td></td></tr>
<tr><td>○ MAR</td><td></td><td></td><td></td></tr>
<tr><td>○ APR</td><td></td><td></td><td></td></tr>
<tr><td>○ MAY</td><td></td><td></td><td></td></tr>
<tr><td>○ JUN</td><td></td><td></td><td></td></tr>
<tr><td>○ JUL</td><td></td><td></td><td></td></tr>
<tr><td>○ AUG</td><td></td><td></td><td></td></tr>
<tr><td>○ SEP</td><td></td><td></td><td></td></tr>
<tr><td>○ OCT</td><td></td><td></td><td></td></tr>
<tr><td>○ NOV</td><td></td><td></td><td></td></tr>
<tr><td>○ DEC</td><td></td><td></td><td></td></tr>
</table>

THU	FRI	SAT	SUN

<table>
<tr><td>MONTH</td><td>MON</td><td>TUE</td><td>WED</td></tr>
<tr><td>○ JAN</td><td></td><td></td><td></td></tr>
<tr><td>○ FEB</td><td></td><td></td><td></td></tr>
<tr><td>○ MAR</td><td></td><td></td><td></td></tr>
<tr><td>○ APR</td><td></td><td></td><td></td></tr>
<tr><td>○ MAY</td><td></td><td></td><td></td></tr>
<tr><td>○ JUN</td><td></td><td></td><td></td></tr>
<tr><td>○ JUL</td><td></td><td></td><td></td></tr>
<tr><td>○ AUG</td><td></td><td></td><td></td></tr>
<tr><td>○ SEP</td><td></td><td></td><td></td></tr>
<tr><td>○ OCT</td><td></td><td></td><td></td></tr>
<tr><td>○ NOV</td><td></td><td></td><td></td></tr>
<tr><td>○ DEC</td><td></td><td></td><td></td></tr>
</table>

<table>
<tr><td></td><td>THU</td><td>FRI</td><td>SAT</td><td>SUN</td></tr>
</table>

MONTH	MON	TUE	WED
○ JAN			
○ FEB			
○ MAR			
○ APR			
○ MAY			
○ JUN			
○ JUL			
○ AUG			
○ SEP			
○ OCT			
○ NOV			
○ DEC			

THU	FRI	SAT	SUN

MONTH		MON	TUE	WED
○	JAN			
○	FEB			
○	MAR			
○	APR			
○	MAY			
○	JUN			
○	JUL			
○	AUG			
○	SEP			
○	OCT			
○	NOV			
○	DEC			

THU	FRI	SAT	SUN

<table>
<tr><td>MONTH</td><td>MON</td><td>TUE</td><td>WED</td></tr>
<tr><td>○ JAN</td><td></td><td></td><td></td></tr>
<tr><td>○ FEB</td><td></td><td></td><td></td></tr>
<tr><td>○ MAR</td><td></td><td></td><td></td></tr>
<tr><td>○ APR</td><td></td><td></td><td></td></tr>
<tr><td>○ MAY</td><td></td><td></td><td></td></tr>
<tr><td>○ JUN</td><td></td><td></td><td></td></tr>
<tr><td>○ JUL</td><td></td><td></td><td></td></tr>
<tr><td>○ AUG</td><td></td><td></td><td></td></tr>
<tr><td>○ SEP</td><td></td><td></td><td></td></tr>
<tr><td>○ OCT</td><td></td><td></td><td></td></tr>
<tr><td>○ NOV</td><td></td><td></td><td></td></tr>
<tr><td>○ DEC</td><td></td><td></td><td></td></tr>
</table>

THU	FRI	SAT	SUN

<table>
<tr><td>MONTH</td><td>MON</td><td>TUE</td><td>WED</td></tr>
<tr><td>○ JAN</td><td></td><td></td><td></td></tr>
<tr><td>○ FEB</td><td></td><td></td><td></td></tr>
<tr><td>○ MAR</td><td></td><td></td><td></td></tr>
<tr><td>○ APR</td><td></td><td></td><td></td></tr>
<tr><td>○ MAY</td><td></td><td></td><td></td></tr>
<tr><td>○ JUN</td><td></td><td></td><td></td></tr>
<tr><td>○ JUL</td><td></td><td></td><td></td></tr>
<tr><td>○ AUG</td><td></td><td></td><td></td></tr>
<tr><td>○ SEP</td><td></td><td></td><td></td></tr>
<tr><td>○ OCT</td><td></td><td></td><td></td></tr>
<tr><td>○ NOV</td><td></td><td></td><td></td></tr>
<tr><td>○ DEC</td><td></td><td></td><td></td></tr>
</table>

THU	FRI	SAT	SUN

MONTH	MON	TUE	WED
○ JAN			
○ FEB			
○ MAR			
○ APR			
○ MAY			
○ JUN			
○ JUL			
○ AUG			
○ SEP			
○ OCT			
○ NOV			
○ DEC			

THU	FRI	SAT	SUN

MONTH	MON	TUE	WED
◯ JAN			
◯ FEB			
◯ MAR			
◯ APR			
◯ MAY			
◯ JUN			
◯ JUL			
◯ AUG			
◯ SEP			
◯ OCT			
◯ NOV			
◯ DEC			

THU	FRI	SAT	SUN

<table>
<tr><td rowspan="2">MONTH</td><td>MON</td><td>TUE</td><td>WED</td></tr>
</table>

MONTH	MON	TUE	WED
○ JAN			
○ FEB			
○ MAR			
○ APR			
○ MAY			
○ JUN			
○ JUL			
○ AUG			
○ SEP			
○ OCT			
○ NOV			
○ DEC			

THU	FRI	SAT	SUN

MONTH	MON	TUE	WED
○ JAN			
○ FEB			
○ MAR			
○ APR			
○ MAY			
○ JUN			
○ JUL			
○ AUG			
○ SEP			
○ OCT			
○ NOV			
○ DEC			

THU	FRI	SAT	SUN

<table>
<tr><td>MONTH</td><td>MON</td><td>TUE</td><td>WED</td></tr>
<tr><td>○ JAN</td><td></td><td></td><td></td></tr>
<tr><td>○ FEB</td><td></td><td></td><td></td></tr>
<tr><td>○ MAR</td><td></td><td></td><td></td></tr>
<tr><td>○ APR</td><td></td><td></td><td></td></tr>
<tr><td>○ MAY</td><td></td><td></td><td></td></tr>
<tr><td>○ JUN</td><td></td><td></td><td></td></tr>
<tr><td>○ JUL</td><td></td><td></td><td></td></tr>
<tr><td>○ AUG</td><td></td><td></td><td></td></tr>
<tr><td>○ SEP</td><td></td><td></td><td></td></tr>
<tr><td>○ OCT</td><td></td><td></td><td></td></tr>
<tr><td>○ NOV</td><td></td><td></td><td></td></tr>
<tr><td>○ DEC</td><td></td><td></td><td></td></tr>
</table>

THU	FRI	SAT	SUN

MONTH	MON	TUE	WED
○ JAN			
○ FEB			
○ MAR			
○ APR			
○ MAY			
○ JUN			
○ JUL			
○ AUG			
○ SEP			
○ OCT			
○ NOV			
○ DEC			

THU	FRI	SAT	SUN

<table>
<tr><td rowspan="2">MONTH</td><td>MON</td><td>TUE</td><td>WED</td></tr>
</table>

MONTH	MON	TUE	WED
○ JAN			
○ FEB			
○ MAR			
○ APR			
○ MAY			
○ JUN			
○ JUL			
○ AUG			
○ SEP			
○ OCT			
○ NOV			
○ DEC			

THU	FRI	SAT	SUN

MONTH	MON	TUE	WED
○ JAN			
○ FEB			
○ MAR			
○ APR			
○ MAY			
○ JUN			
○ JUL			
○ AUG			
○ SEP			
○ OCT			
○ NOV			
○ DEC			

THU	FRI	SAT	SUN

MONTH

○ JAN
○ FEB
○ MAR
○ APR
○ MAY
○ JUN
○ JUL
○ AUG
○ SEP
○ OCT
○ NOV
○ DEC

MON
TUE
WED

THU	FRI	SAT	SUN

MONTH

JAN
FEB
MAR
APR
MAY
JUN
JUL
AUG
SEP
OCT
NOV
DEC

MON
TUE
WED

<table>
<tr><td></td><td>THU</td><td>FRI</td><td>SAT</td><td>SUN</td></tr>
</table>

MONTH		MON	TUE	WED
○ JAN				
○ FEB				
○ MAR				
○ APR				
○ MAY				
○ JUN				
○ JUL				
○ AUG				
○ SEP				
○ OCT				
○ NOV				
○ DEC				

THU	FRI	SAT	SUN

MONTH	MON	TUE	WED
○ JAN			
○ FEB			
○ MAR			
○ APR			
○ MAY			
○ JUN			
○ JUL			
○ AUG			
○ SEP			
○ OCT			
○ NOV			
○ DEC			

<table>
<tr><td>THU</td><td>FRI</td><td>SAT</td><td>SUN</td></tr>
</table>

MONTH	MON	TUE	WED
○ JAN			
○ FEB			
○ MAR			
○ APR			
○ MAY			
○ JUN			
○ JUL			
○ AUG			
○ SEP			
○ OCT			
○ NOV			
○ DEC			

THU	FRI	SAT	SUN

<table>
<tr><td>MONTH</td><td>MON</td><td>TUE</td><td>WED</td></tr>
<tr><td>○ JAN</td><td></td><td></td><td></td></tr>
<tr><td>○ FEB</td><td></td><td></td><td></td></tr>
<tr><td>○ MAR</td><td></td><td></td><td></td></tr>
<tr><td>○ APR</td><td></td><td></td><td></td></tr>
<tr><td>○ MAY</td><td></td><td></td><td></td></tr>
<tr><td>○ JUN</td><td></td><td></td><td></td></tr>
<tr><td>○ JUL</td><td></td><td></td><td></td></tr>
<tr><td>○ AUG</td><td></td><td></td><td></td></tr>
<tr><td>○ SEP</td><td></td><td></td><td></td></tr>
<tr><td>○ OCT</td><td></td><td></td><td></td></tr>
<tr><td>○ NOV</td><td></td><td></td><td></td></tr>
<tr><td>○ DEC</td><td></td><td></td><td></td></tr>
</table>

THU	FRI	SAT	SUN

<table>
<tr><td>MONTH</td><td>MON</td><td>TUE</td><td>WED</td></tr>
<tr><td>○ JAN</td><td></td><td></td><td></td></tr>
<tr><td>○ FEB</td><td></td><td></td><td></td></tr>
<tr><td>○ MAR</td><td></td><td></td><td></td></tr>
<tr><td>○ APR</td><td></td><td></td><td></td></tr>
<tr><td>○ MAY</td><td></td><td></td><td></td></tr>
<tr><td>○ JUN</td><td></td><td></td><td></td></tr>
<tr><td>○ JUL</td><td></td><td></td><td></td></tr>
<tr><td>○ AUG</td><td></td><td></td><td></td></tr>
<tr><td>○ SEP</td><td></td><td></td><td></td></tr>
<tr><td>○ OCT</td><td></td><td></td><td></td></tr>
<tr><td>○ NOV</td><td></td><td></td><td></td></tr>
<tr><td>○ DEC</td><td></td><td></td><td></td></tr>
</table>

THU	FRI	SAT	SUN

MONTH	MON	TUE	WED
○ JAN			
○ FEB			
○ MAR			
○ APR			
○ MAY			
○ JUN			
○ JUL			
○ AUG			
○ SEP			
○ OCT			
○ NOV			
○ DEC			

THU	FRI	SAT	SUN

MONTH	MON	TUE	WED
○ JAN			
○ FEB			
○ MAR			
○ APR			
○ MAY			
○ JUN			
○ JUL			
○ AUG			
○ SEP			
○ OCT			
○ NOV			
○ DEC			

THU	FRI	SAT	SUN

MONTH		MON	TUE	WED
○	JAN			
○	FEB			
○	MAR			
○	APR			
○	MAY			
○	JUN			
○	JUL			
○	AUG			
○	SEP			
○	OCT			
○	NOV			
○	DEC			

THU	FRI	SAT	SUN